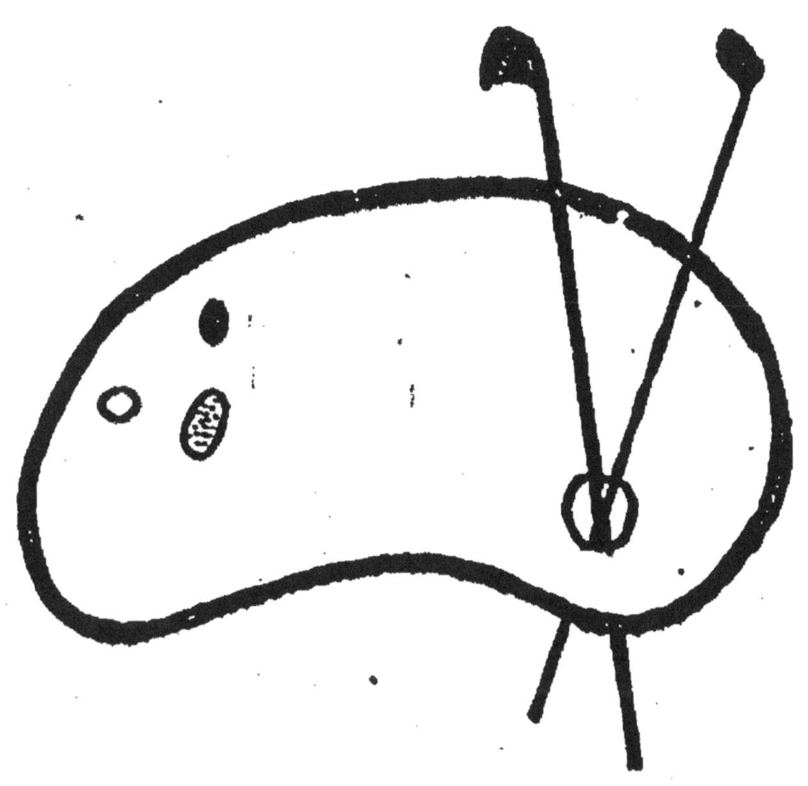

DEBUT D'UNE SERIE DE DOCUMENTS
EN COULEUR

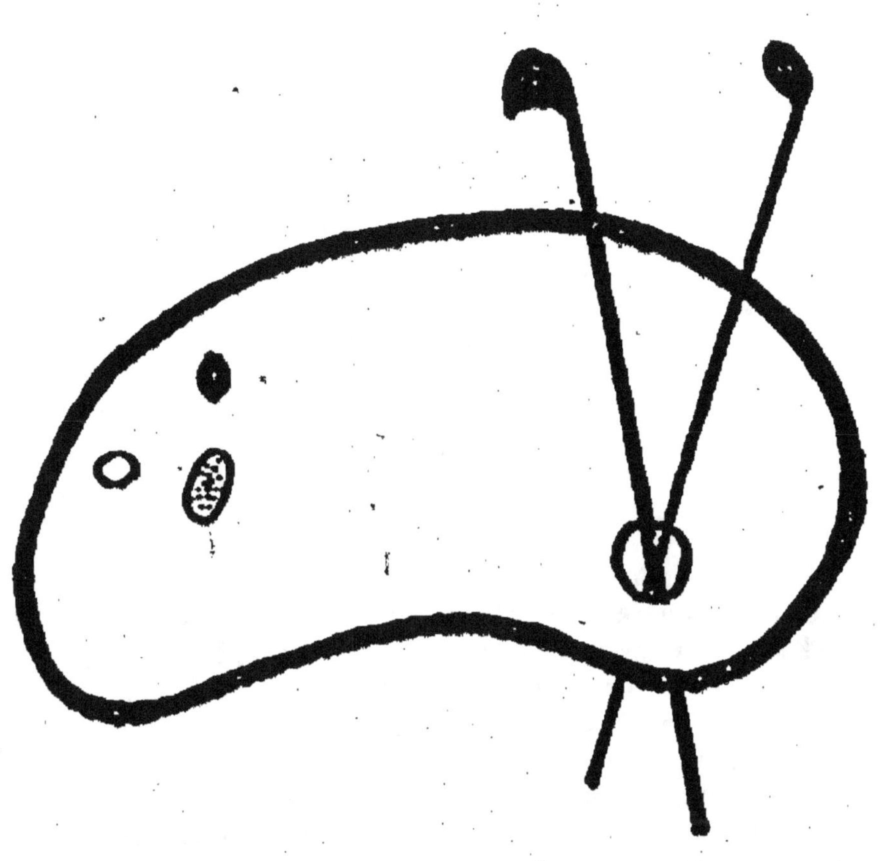

FIN D'UNE SERIE DE DOCUMENTS
EN COULEUR

LE
COMMERCE DES ARMÉNIENS
AU XVIIe SIÈCLE

Par M. le docteur ARTIGNAN

Dès la plus haute antiquité, les Arméniens ont eu des relations commerciales étendues ; les Assyriens et les Phéniciens recevaient d'eux des marchandises ; la « maison de Togarma » fournissait Tyr de chevaux et de mulets[1] ; les fleuves de l'Arménie, l'Araxe et le Cyros, le Tigre et l'Euphrate, l'Iris et l'Acampsis, la mettaient en rapport avec la mer Caspienne, la mer Persique et le Pont-Euxin. Par la Bactriane les marchands arméniens allaient dans l'Inde ; par la Sogdiane, jusqu'au pays des Sères.

Sous les dynasties des Haïkans et des Arsacides, les villes commerçantes de l'Arménie étaient Van, Armavir, capitale du royaume d'Ararat (Ptolémée parle de cette ville), Ardachad, dont la prise valut à Germanicus le surnom d'Arméniaque ; Dovin, où affluaient les marchandises de Géorgie et de Perse, le bourg d'Artzen, dont les commerçants étaient renommés.

---

1. *Ezéchiel* XXVII, 14.

Plus tard, au moyen âge, l'Arméno-Cilicie a entretenu des relations commerciales importantes avec la République de Venise.

Il faut arriver cependant au commencement du XVIIe siècle pour assister au grand mouvement commercial des Arméniens sous les auspices de Chah-Abbas le Grand, qui des laboureurs arméniens fit des marchands; et ces marchands sont devenus les plus célèbres commerçants de la terre [1].

Chah-Abbas Ier conquit la Grande-Arménie, la province d'Ararat, Érivan, Nacsivan (1585), mais les Turcs la lui disputaient constamment. Ayant appris que le sultan Sélim envoyait contre lui une forte armée, il se proposa de ruiner complétement le pays afin d'empêcher les Turcs de rester longtemps sur ses frontières et de prolonger ainsi les hostilités; il dépeupla les villes de Nacsivan, Érivan, Julfa, les environs de Kars et même Erzeroum, brûla les villages au-devant des Turcs et emmena en Perse tous les habitants, hommes, femmes, enfants et vieillards, ne laissant rien qui puisse se charger sur chameaux ou mulets.

Chah-Abbas établit ces Arméniens dans les diverses parties de la Perse; 27,000 familles furent placées dans la province de Guilan, où l'on cultive la soie. De ces 27,000 familles il ne restait plus en 1650 que 3,000 à peine, tellement le climat de Guilan est meurtrier [2].

Les habitants de Julfa, petite ville à une journée de distance de Nacsivan, furent dirigés sur Ispahan.

Chah-Abbas leur assigna un quartier spécial près d'Ispahan vers le midi, de l'autre côté de la rivière de *Zende-Roud* (fleuve de la vie); ils l'appelèrent *Nor Djougha* (Julfa la nouvelle) en souvenir de leur pays d'origine,

---

1. Tournefort, *Voyage du Levant*, t. II, p. 311.
2. Un proverbe persan dit : « A-t-il volé, tué, qu'on l'envoie dans le Guilan? »

plus tard, d'autres Arméniens sortirent de Tauriz, d'Erivan, etc., et vinrent habiter Julfa, si bien que la nouvelle ville eut bientôt plus de 30,000 habitants.

Les gens d'Érivan furent logés près de la forteresse, dans la ville, où il y avait beaucoup de terres labourables.

D'autres, de différentes villes, furent mis hors de la ville, dans un grand faubourg, nommé *Scrabena*.

La Perse, bien que quatre fois plus grande que la France, n'a pas plus de dix à douze millions d'habitants ; couverte en grande partie des sables du grand désert du centre et de nappes salines, elle n'est habitable que sur une bande de bordure qui longe comme un fer à cheval ses frontières du nord et de l'ouest se joignant dans l'Atropatène, la province d'Aderbeïdjan dont Tauriz est la capitale.

A la fin du XVI° siècle, la Perse était bien appauvrie, les invasions des Turcs avaient ravagé l'Aderbeïdjan et Chah-Abbas venait de mettre en ruine la Grande-Arménie, la province d'Ararat, depuis Erzeroum jusqu'à Érivan et Nacsivan pour éloigner les Osmanlis de ses frontières ; les soulèvements intérieurs et les levées incessantes de soldats avaient épuisé le reste du pays.

L'or et l'argent étaient fort rares en Perse, Chah-Abbas avait essayé de faire exploiter les mines d'or de Kervan, mais les dépenses ayant fortement dépassé [1] les bénéfices qu'on avait pu espérer, il avait fini par y renoncer.

Entre temps, le grand Chah-Abbas recevait à Ispahan (1604) les trois Pères Carmes que le pape Clément VIII lui envoyait pour le décider à soutenir la guerre contre les Turcs dont la marche incessante vers l'Occident était de nature à inquiéter fortement la chrétienté. Par des

---

1. On dit en proverbe : « C'est comme la mine de Kervan, où l'on fait dix de dépense pour en retirer neuf », en parlant d'une affaire qui est loin de rapporter des bénéfices.

entretiens avec ces religieux[1], qui furent suivis par d'autres, Chah-Abbas apprit que les mûriers étaient presque inconnus en Europe, et que la soie se vendait à un prix fort cher.

La province marécageuse de Guilan, qui s'étend sur le littoral sud-ouest de la mer Caspienne, produisait tous les ans une grande quantité de soie ; Chah-Abbas songea à la faire valoir sur les marchés européens et à attirer ainsi de l'argent dans ses États ; aussi chercha-t-il à lier des relations avec les puissances de l'Europe.

En 1610, partit pour la France la première ambassade persane dans la personne du Père Juste de l'Ordre des Capucins, mais ce dernier arriva à Paris trois mois après la mort de Henri IV, et la Cour lui signifia qu'il fallait que le roi de Perse envoyât une autre ambassade au nouveau roi, ce qui ne fut pas fait.

Quelques années plus tard, Chah-Abbas envoya en Europe des négociants avec des charges de soie pour savoir le cours de ces marchandises. Un Augustin portugais devait rentrer en Espagne, le roi de Perse le chargea d'amener avec lui un ambassadeur et un négociant persans, leur mettant entre les mains une quantité considérable de soie ; arrivé en Espagne, le Père augustin décida l'ambassadeur, malgré les protestations du marchand qui partit immédiatement pour la Perse par le Languedoc et la Provence, à offrir toute la soie au roi d'Espagne, qui, furieux d'avoir été pris pour une femme par le chah de Perse, envoya la soie à la reine sans récompense ; l'ambassadeur, à son retour à Ispahan, fut éventré dans le *Meïdan*, sur la place royale. L'Augustin profita seul de l'ambassade et la soie du roi de Perse lui valut l'évêché de Ceuta.

----

1. Ce sont les Pères Carmes et autres religieux qui ont introduit les asperges, les artichauts, la chicorée, les cardes en Perse, où ils poussent bien (Tavernier).

Quelque temps après, Chah-Abbas fit une nouvelle tentative ; il envoya à Venise le fils d'un riche marchand d'Ispahan en lui confiant une grande quantité de soie. Aussitôt arrivé à Venise, le jeune Persan mena une vie de débauche avec les courtisanes, et pour soutenir son grand train il lui fallut bientôt vendre une partie de la soie du roi ; la République, alarmée des dépenses folles de ce particulier, s'enquit de son origine et, apprenant que la soie appartenait au roi de Perse, lui écrivit et confisqua le restant de la soie ; plus tard, un Arménien, *Colgia Altun* (Antonio Doro), qui s'était installé à Venise, fut chargé par Chah-Abbas, à son retour des Indes, de vendre cette soie (1627).

La race persane n'était pas apte au grand commerce, l'insuccès de ces quelques essais le prouvait suffisamment, ces gens s'oubliaient complètement dans les villes de l'Occident et disposaient à leur aise du bien du roi ; il fallait d'autres capacités pour le négôce. Chah-Abbas jeta son dévolu sur les Arméniens de Julfa ; il les avait déracinés de leur pays, privés de leurs terres que leurs ancêtres avaient cultivées depuis tant de siècles, et eux, sur ce sol étranger, s'étaient mis à travailler, à peiner, ils avaient formé une nouvelle agglomération, un nouveau foyer par leur sobriété, leur économie et leur intelligence ; de plus, les Arméniens étaient chrétiens et ils pourraient mieux réussir parmi la chrétienté de l'Europe.

Chah-Abbas fit un choix parmi les Arméniens de Julfa et de Serabena, faubourg en dehors d'Ispahan où il avait également logé des Arméniens, et il leur donna de l'argent et des balles de soie à un prix raisonnable qu'ils devaient lui rembourser à leur retour, en gardant pour eux le surplus du bénéfice. Ces Arméniens étaient tous laboureurs ou artisans, mais, grâce à leur esprit d'initiative et d'observation, « ils se sont rendus en peu de temps, dit Tavernier, si experts qu'il n'y a point de négoce qu'ils n'embrassent ».

Bientôt ils installèrent des factoreries dans toutes les grandes villes de l'Europe, spécialement à Livourne et à Venise, où ils ont même eu des colonies et des églises; de là ils allaient à Paris où ils achetaient des articles de luxe, à Amsterdam et en Angleterre; ils portaient à Londres non seulement des marchandises orientales, mais encore des glaces de Venise; en 1641, le négociant *Baba Khatchadour* portait de Venise à Londres 3o caisses de glaces, 7 caisses de verres et 14 caisses de perles fausses en payant 3oo réaux pour le passage.

A leur retour en Perse, ils rapportaient non seulement de l'argent, mais encore toutes sortes de marchandises qu'ils croyaient utiles pour la Perse et pour les Indes où ils allaient et même jusqu'au Tonkin, à Java, aux Philippines : toutes sortes de verreries et de quincailleries de Venise et de Nuremberg, des perles fausses de compte, des miroirs, des lunettes, des chapelets de verre, du corail, de l'ambre jaune, des verres colorés pour faire des vitres, des montres, des draps de Hollande et d'Angleterre en grande quantité, de beaux brocarts d'or et d'argent.

Au commencement de leur négoce, ils faisaient d'énormes bénéfices, chaque caravane rapportait en Perse plus de 200,000 écus en argent qui étaient frappés en Perse au coin du roi ; les perles de compte fausses qu'ils achetaient à Venise à 2 et 3 fr. les deux filées, étaient vendues 3o ou 4o fr.

Les caravanes prenaient la route d'Ispahan à Tauriz, de là elles tournaient vers Alep, Smyrne ou Brousse par la Turquie, ou bien remontaient vers le nord à Chamakhi et à Nosava, port sur la mer Caspienne. « On embarque à Nosava la soie et les autres marchandises de Perse et du Mogol pour les faire passer à Astracan ; d'Astracan on les transporte par terre à Moscou et de là à Archangel qui est le dernier port de Moscou sur l'Océan septentrional. Les Anglais et les Hollandais y font un grand commerce ; on y embarque les marchandises pour Stokholm, et de là par le détroit de l'Élseneur on les fait passer en Hollande et en Angleterre. » (Tournefort.)

En Turquie les caravanes de Perse payaient le *caradje* (octroi, douane) à Erzeroum, à Afion Carahissar ; elles grossissaient en route de charges de rhubarbe, de scammonée, d'opium, de galbanum, de gomme adragante, de gomme ammoniaque, de cuirs et de maroquins de Tokat [1], de poils de chèvres d'Angora. Ces caravanes arrivaient à Smyrne aux mois de février, de juin et d'octobre et les marchands arméniens préféraient vendre leurs marchandises plutôt aux Français qu'aux Hollandais et aux Anglais qui les obligeaient de prendre une moitié de leur payement en draps, tandis que les premiers les payaient tout en argent.

Le retour des caravanes se faisait par Constantinople, Smyrne et Alep, d'où partaient régulièrement des caravanes pour la Perse. Quand ils devaient traverser la mer Noire, ils ne s'embarquaient pas d'ordinaire à Trébizonde où ils devaient payer trois piastres de *caradje* par charge de mule et quatre piastres par charge de chameau ; ils allaient un peu plus vers le couchant sur la même côte, à Ounich, à l'ouest du promontoire de Jason ou à Samsoun, parce qu'ils ne payaient dans ces derniers ports qu'une piastre et demie par charge de chameau.

Les voyageurs du XVIIᵉ siècle, Tournefort, Tavernier

---

1. Ils sont célèbres en Turquie : le maroquin bleu de Tokat (fait à Charkligueni par des tanneurs arméniens), le maroquin rouge de Diarbékir et de Bagdad, le maroquin jaune de Moussoul et le noir d'Ourfa.

en particulier, donnent des détails très curieux sur la manière de voyager des Arméniens de Julfa.

En partant pour leurs longues pérégrinations, les Arméniens prenaient avec eux leurs couchages, des ustensiles de cuisine, des provisions de bouche qui consistaient en biscuit, viandes fumées, beurre fondu, farine, vin, eau-de-vie et fruits secs et ils savaient si bien ménager leurs provisions, que souvent, en revenant de leurs voyages de France et d'Italie, ils en rapportaient chez eux ; du reste, le transport ne leur coûtait rien, chacun ayant droit à un septième chameau pour charger ses bagages si l'on avait loué six chameaux pour ses marchandises. Ils emportaient avec eux leurs filets et en route quand les caravanes faisaient halte au bord d'une rivière ou d'un étang, ils se mettaient à pêcher, et Tournefort dit avoir souvent mangé avec eux de bons poissons.

« Ces Arméniens, soit qu'ils travaillent pour eux ou pour les marchands de Julfa, sont infatigables dans les voyages, et méprisent les rigueurs des saisons. Nous en avons vu plusieurs et des plus riches, passer de grandes rivières à pied ayant l'eau jusques au col, pour relever les chevaux qui s'étaient abattus et sauver leurs balles de soie ou celles de leurs amis, car les voituriers turcs ne s'embarrassent pas des marchandises qu'ils conduisent, et ne répondent de rien. Les Arméniens dans les passages de rivières escortent leurs chevaux et rien n'est plus édifiant que de voir avec quelle charité ils se secourent entre eux et même les autres nations, pendant les caravanes. Ces braves gens ne se dérangent guère dans leurs manières ; toujours égaux, ils fuient les étrangers qui sont trop turbulents, autant qu'ils estiment ceux qui sont pacifiques ; ils les logent volontiers avec eux et leur donnent à manger avec plaisir. Quand nous soulagions quelqu'un de leurs malades, toute la caravane nous en remerciait. Lorsqu'ils sont avertis qu'une caravane doit passer, ils

‹ ‥ it un jour ou deux au-devant de leurs confrères leur porter des rafraîchissements et surtout du meilleur vin ; non seulement ils en offrent aux Français, mais ils les obligent même par leurs honnêtetés d'en boire à leur santé. » (Tournefort.)

Dans leurs voyages en Europe ou en Asie, ils ne déboursaient presque rien pour leur nourriture ; pour venir en Europe, ils prenaient avec eux du safran, du poivre, des noix muscades, du musc et d'autres épices avec lesquelles ils payaient dans les villages le pain, le beurre, les laitages, le fromage, les œufs.

En Asie, ils échangeaient leurs denrées contre toutes sortes de merceries et de quincailleries de Venise, de Nuremberg, de France, petits miroirs, bagues, fausses perles, ciseaux, couteaux, épingles, aiguilles qui étaient plus recherchés chez les Orientaux que la monnaie.

Très attachés à la religion de leurs ancêtres, ils observaient partout les jeûnes, et les fatigues ni les maladies ne pouvaient leur faire enfreindre les commandements de l'Église arménienne.

Arrivés dans une ville où ils devaient séjourner quelque temps, ils se mettaient à cinq ou six, louaient une chambre vide qu'ils meublaient aussitôt par leurs bagages, matelas, couvertures et ustensiles de cuisine.

Tournefort s'amuse à décrire la manière dont se font les marchés chez les Arméniens, car aujourd'hui rien n'est changé à ce qui se passait au xviiᵉ siècle.

« On commence à mettre de l'argent sur la table, après cela on chicane autant qu'on peut, en ajoutant une pièce sur l'autre ; cette chicane ne se fait pas sans bruit. Nous croyions, à les entendre parler, qu'ils étaient prêts à se couper la gorge, mais il ne s'agit de rien moins entre eux. Après s'être poussés et repoussés avec violence, les courtiers ou entremetteurs du marché serrent avec tant de force les mains de celui qui veut vendre, qu'ils le font crier et ne le quittent pas qu'il n'ait consenti que l'acheteur ne payera qu'une certaine somme, ensuite chacun rit de son côté. Ils prétendent, avec raison, que la vue de l'argent fait plutôt conclure les marchés. »

***

Chah-Abbas établit à Ispahan les Arméniens qu'il avait tirés d'Érivan et de Julfa, petite ville située au bord de l'Araxe, entre Érivan et Tauriz ; dès le début, ceux qui avaient été tirés de Julfa furent placés de l'autre côté de la rivière de Senderoud, où ils fondèrent la Nouvelle-Julfa, tandis que les Arméniens de la Haute-Arménie et de l'Atropatène furent placés à Ispahan, dans le quartier de *Cheic-Sabena*, du nom de Cheic-Youssouf Benna, architecte de la vieille mosquée ; mais ces derniers, des gens de rien, furent renvoyés de même soixante ans après à Julfa, parce que les Mahométans allaient nuit et jour s'enivrer chez eux, d'où de continuels désordres.

Julfa était à une demi-heure de distance d'Ispahán, auquel elle était reliée par l'allée de Tcharbagh (quatre vignes) du côté d'Ispahan, bordée de deux rangées de platanes ; au milieu, l'eau pure s'étendait à travers une infinité de petits bassins et canaux qui se succédaient ; au bout de l'allée, un magnifique pont de trente-quatre arches, jeté sur la rivière Senderoud, conduisait de Tcharbagh au jardin de *Mille arpents* (Hezardjerib).

Julfa avait près d'une demi-lieue de longueur, étant large à peu près de la moitié. Deux rues principales la parcouraient presque dans toute sa longueur ; de chaque côté de la route, des platanes dont les pieds étaient rafraîchis par un canal qui servait à arroser les jardins des habitants à tour de rôle, jetaient sur les passants leur ombre douce ; il y avait des places de marché avec des magasins, des bains et deux petits caravansérails, il y avait onze églises à Julfa, un monastère avec un évêché, un couvent de jeunes filles. Depuis que les Arméniens avaient eu de grands succès dans le négoce, on voyait dans Julfa de magnifiques maisons et des villas construites sur le modèle de celles des grandes villes d'Europe, et, dans ce bourg reculé de l'Asie, on était tout étonné d'entendre la plupart des langues du monde entier ; les femmes de ces anciens laboureurs d'Arménie portaient les plus riches étoffes d'Angleterre et de Hollande, des brocarts d'or et d'argent et on voyait dans les rues les enfants habillés à la mode des différents pays que les pères venaient de parcourir dans leurs longues pérégrinations.

Soutenus par le grand Chah-Abbas et Chah-Séfi Iᵉʳ, son fils et successeur, plusieurs parmi les Julphaliens arrivèrent à de grandes fortunes. Un d'eux, Khodja Petrus, en mourant, laissa 40,000 tomans (960,000 fr.) d'argent monnayé, sans compter ses maisons, ses champs, ses vignes, ses pierreries, sa vaisselle d'or et d'argent, ses meubles.

Ils recevaient souvent chez eux le roi de Perse, qui ne manquait pas de venir dîner chez le *Kalender*, gouverneur ou juge arménien de Julfa, le jour de Noël, grande fête chez les Arméniens ; dans ces dîners, on servait le roi dans de la vaisselle d'or et on lui faisait un présent d'une valeur d'au moins 5,000 à 6,000 fr. [1].

Autant ces gens étaient économes, sobres, âpres même au gain dans leurs voyages, autant ils étaient larges, généreux, pleins de charité chez eux. A leur retour de la

----

[1]. Chah-Séfi allait parfois dîner familièrement chez Khodja Soultenon ; une fois il y fit tellement bonne chère, qu'il s'en trouva mal ; les jaloux firent courir le bruit que le roi était empoisonné ; il n'en était rien, le chah se remettant le lendemain, mais Khodja Soultenon prit peur et se donna la mort par le poison.

chrétienté, en passant par l'Arménie, les caravanes arméniennes se détournaient de leur chemin pour aller faire
leurs vœux dans les couvents célèbres, à Aïri-Vankh
pour embrasser le *Kiekhart* (la sainte Lance) ; à Etchmiatzin, siège du catholicat, ils faisaient de grandes dé-
votions, distribuaient des aumônes et offraient aux
églises tout ce qu'ils avaient trouvé de beau en Italie,
en France, en Hollande, des tapis, des brocarts d'or et
d'argent, des ornements d'église, des habits sacerdo-
taux [1].

Chah-Abbas le Grand et Chah-Séfi Ier, pour attirer les
Arméniens à Julfa, leur donnèrent toutes sortes de faci-
lités ; ils leur donnèrent des terres, des franchises, ils
punissaient sévèrement les mahométans qui leur faisaient
la moindre injustice ; un *Kalender*, maire, gouverneur
arménien élu parmi la nation, s'occupait de toutes les
questions concernant ses compatriotes, rendait les juge-
ments, levait les taxes. Durant le règne de Chah-Abbas
le Grand, la colonie de Julfa ne payait que 9,000 fr. de
taxe. Sous son successeur, on perçut 16,000 fr. par an,
puis 2,000 pistoles, qui furent assignées pour la chaus-
sure de la mère du roi, selon la manière d'Orient, où les
impôts sont toujours destinés à quelque chose de particulier [2].

Le premier Kalender de Julfa a été Khodja Nazar, l'un
des principaux Arméniens qui sortirent de Julfa ; il acquit
une grande fortune dans le négoce ; c'était un homme
très charitable, il fit bâtir deux grands caravansérails des

---

1. Un riche Julphalien, *Avédik*, de retour d'Italie, s'étant laissé persua-
der que de peindre les églises était d'un grand mérite devant Dieu, se mit
à importuner l'évêque et les moines pour lui laisser peindre l'église. Elle
était auparavant nue, à la manière des Arméniens. Après beaucoup de ré-
sistances, on y consentit enfin ; mais cela n'a servi que de divertissement
aux mahométans et aux jeunes Chahs qui venaient s'amuser à voir les
peintures.

2. Chardin, *Voyage en Perse*, t. II, p. 100.

deux côtés de l'Araxe dans son pays natal, à Julfa l'an-
cienne.

Khodja Petrus, qui à sa mort laissa près d'un million
d'argent comptant, était fort estimé pour son esprit charitable ; il fit bâtir la cathédrale de Julfa avec l'évêché ;
la belle place de cette ville avec ses magasins était également son œuvre ; son fils, voulant devenir Kalender, dis-
sipa sa fortune sans y arriver, *Khodja Safras,* fils du
premier Kalender Khodja Nazar, qui était le favori de
Chah-Abbas II, ayant été élu ; battu et ruiné, il passa à
Surate, de là à Golconde et il est mort à Pegu.

Julfa ne put cependant pas garder sa première prospé-
rité ; sous les successeurs de Chah-Abbas, les Arméniens
ne furent pas aussi bien choyés ; de nouvelles et lour-
des taxes leur furent imposées ; pour enlever aux Arméniens leur fortune et les forcer à se convertir au maho-
métanisme, Imam Djafer Essadik établit de nouvelles
lois qu'il disait inspirées par Dieu et le Prophète. D'après
cette loi, un chrétien qui se faisait mahométan avait non
seulement droit à tout l'héritage de son père, à l'exclu-
sion de ses frères et sœurs, mais il avait encore la suc-
cession de ses parents les plus lointains. Le souverain
forçait souvent les Arméniennes riches à prendre des
maris mahométans.

Pour éviter ces funestes éventualités, les Arméniens
gardaient leurs filles en cachette jusqu'à neuf, dix ans et
les mariaient à cet âge, d'où la cause de ces mariages
précoces dont les voyageurs européens en Arménie blâ-
ment les Arméniens.

Pour garantir leur bien à leurs enfants, ils en faisaient
une vente feinte devant le cadi, juge mahométan, à un
ami, puis cet ami par un autre contrat revendait tout le

bien aux enfants desdits Arméniens et on passait le marché juridiquement.

* * *

Les conséquences de ce mouvement commercial des Arméniens ont été immenses. Tournefort en parle avec extase : « Peut-on voir un plus bel établissement ? écrit-il. A combien de manufactures n'a-t-il pas donné naissance en Europe et en Asie ? Abbas le Grand fit changer de face à toute la terre ; toutes les marchandises d'Orient furent connues en Occident et celles d'Occident servirent de nouvelle décoration à l'Orient. »

Les marchands arméniens firent non seulement la richesse de la Perse, où l'or et l'argent, bien rares avant Chah-Abbas, affluèrent par le retour des caravanes, mais encore ils devinrent les propagateurs des idées occidentales dans l'Orient ; dans ces temps déjà lointains, où ni les chemins de fer, ni les télégraphes, ni les téléphones n'existaient, ces marchands reliaient l'Europe à l'Extrême-Orient et portaient à dos de chameau dans les coins reculés de l'Asie les nouvelles des grandes découvertes et des faits qui se passaient en ce temps parmi les nations.

Ce sont eux qui apprirent aux Persans l'art d'imprimer sur les toiles ; ils apportèrent d'Europe des tailles-douces et des détrempes pour servir à appliquer des fleurs et même des figures avec de l'eau de gomme sur les toiles.

La première imprimerie en Perse a été établie par un Arménien, *Jacobdjan*. Homme de grand talent, il fut nommé par le roi chef des menuisiers (Negach-Bachi), poste occupé pour la première fois par un Arménien à cause de son grand mérite et de ses grandes connaissances en mécanique. De retour d'un voyage en Europe, il installa une imprimerie en 1641 à Ispahan et fit lui-même les matrices. On imprima les Épîtres de saint Paul, les sept psaumes pénitentiaux et des livres de prière ; la

Bible tout entière allait être mise à l'impression, quand il fallut tout rompre, parce que l'art d'impression enlevait le pain à tous ceux qui vivaient de la profession de copiste; ensuite cette première impression était trop blanche.

En dehors de la Perse, les Arméniens fondèrent des colonies commerçantes d'abord où peu à peu des centres intellectuels se formèrent et donnèrent une impulsion nouvelle à la littérature et au développement général de leurs nationaux.

A Amsterdam, au XVIᵉ siècle, les Arméniens avaient de grands comptoirs et des factoreries en rapport avec l'Italie, Londres, Marseille, la Pologne, la Perse, les Indes; ils y faisaient le commerce des pierres précieuses, des draps et des denrées orientales; plus tard, Owanès Minas, Arménien de la Galicie, y fonda une église arménienne (1745)[1], l'archimandrite Osgan fonda à Amsterdam la première imprimerie arménienne avec une succursale à Marseille.

A Venise, où les Arméniens venaient depuis les croisades, il y avait dans la seconde moitié du XVIIᵉ siècle l'imprimerie de Gaspar, fils de Sarhad de Julfa et du prêtre Tatéos Hamazaspian d'Érivan; c'est ainsi que le moine arménien Mekhitar de Sébaste vint fonder à l'île de Saint-Lazare en 1701 le couvent des Mekhitaristes, qui ont compté parmi les grands provocateurs de la renaissance arménienne.

En Russie et aux Indes, les Arméniens ont été les précurseurs et les éclaireurs des deux puissances européennes qui ont aujourd'hui de grands domaines en Asie; sans compter les conquêtes que les généraux arméniens ont faites au Caucase, en Arménie et dans les pays cas-

---

1. Cette église, que les Hollandais appellent « église persane », existe encore à Amsterdam avec ses inscriptions arméniennes, 22, Krom-Boomsjoot; vendue par le patriarcat d'Etchmiatzin, elle sert d'école aux religieuses catholiques.

piens, au xviiᵉ siècle la cour de Pierre le Grand a été très heureuse de trouver dans les négociants arméniens de grands propagateurs de l'influence et du négoce moscovites.

Aux Indes, les Arméniens de Julfa ont eu des colonies très florissantes, des collèges, des églises, imprimeries, journaux; ce sont eux qui par leur influence auprès des souverains indiens ont acquis les privilèges permettant aux compagnies anglaises de s'installer dans la vallée du Gange.

En France, le nom de la garance est inséparable de celui d'un Arménien auquel la ville d'Avignon et le département de Vaucluse ont érigé une statue sur le rocher de Notre-Dame des Doms (1846). Jean Althen, agronome arménien, introduit en France la graine de garance en jouant sa tête, l'exportation de cette plante étant punie de mort en Turquie; frappé de l'analogie du climat et du sol du Comtat-Venaissin avec ceux de l'Anatolie, il tenta la culture de la garance dans les environs d'Avignon; cette culture fit la fortune du département de Vaucluse, ce qui n'empêcha pas Althen de vivre bien pauvre.

En 1660, un illustre négociant arménien Zachar Sarhad, attirait l'attention de la cour moscovite en offrant à Alexandre Mikhaïlovitz un trône orné de diamants, de perles et d'autres pierres précieuses; comme le Grand-Duc s'intéressait à lui, à sa nation, Sarhad répondit : « Le chah est bon pour nous, nous faisons le commerce dans son pays sans payer de douanes ni d'impôts, mais le chah est mahométan et nous sommes chrétiens, nous serions bien contents de servir le grand roi chrétien. »

Voilà qui résume en quelques mots l'histoire des Arméniens; toujours au service des grandes idées générales, ils ont servi les autres souvent au détriment d'eux-mêmes.

Avant l'ère chrétienne, la race arménienne propage parmi les peuples de l'Asie la civilisation égyptienne, puis celle des Mèdes et des Macédoniens, ensuite celle de Rome. Premier peuple converti au christianisme, il s'attache à mort à l'idéal chrétien qu'il enseigne aux Géorgiens, en Asie-Mineure ; sa religion dorénavant le sépare complètement de ses frères de race, les Persans. Sous les Byzantins, au moment des croisades, plus tard en Russie, aux Indes, il prend le parti des nations chrétiennes qui l'exploitent, qui en profitent pour le délaisser après entre les griffes de ses pires ennemis.

Son rôle n'est pas encore terminé ; souple, intelligent, c'est la race asiatique qui assimile le mieux les idées occidentales ; on a beau lui faire des saignées, elle est toujours vivace, toujours plus décidée à vivre, il faut qu'elle remplisse son rôle, celui de la civilisation de l'Orient.

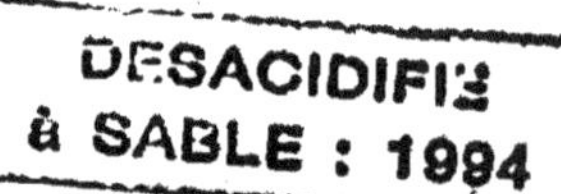

Nancy, impr. Berger-Levrault et Cie.

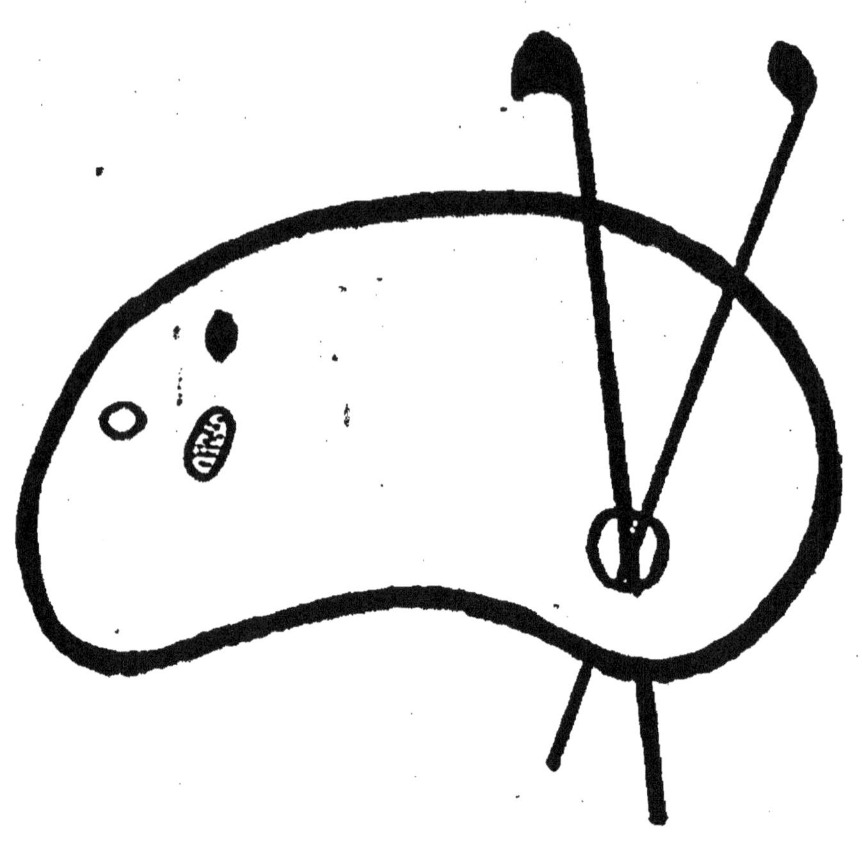

ORIGINAL EN COULEUR

NF Z 43-120-8